Ana Maria Oleniki | Francine Porfirio Ortiz

No Caminho de Jesus

Álbum Litúrgico-Catequético

Ano A - 2025 | 2026

EDITORA VOZES

Petrópolis

Rua Frei Luís, 100
25689-900 Petrópolis, RJ, Brasil
www.vozes.com.br

Editoração: Débora Spanamberg Wink
Projeto gráfico e diagramação: Ana Maria Oleniki
Revisão gráfica: Bianca V. Guedes
Capa: Ana Maria Oleniki

ISBN 978-85-326-7345-9

Este livro foi composto e impresso pela Editora Vozes Ltda.

Apresentação

Estimados(as) catequizandos(as), família e catequistas,

Com grande carinho apresento mais uma edição do álbum litúrgico, uma oportunidade de acompanhar a liturgia de nossa Igreja e aproximar-se das Sagradas Escrituras por meio de atividades que podem ser um momento para toda a família.

Na catequese de inspiração catecumenal, a dimensão celebrativa é importante, pois ajuda as crianças e os adolescentes a melhor compreender a riqueza de nossos ritos, símbolos e objetos litúrgicos. Nem sempre o tempo dedicado ao encontro de catequese permite aprofundar a dimensão celebrativa como necessário, por isso o álbum litúrgico se torna um recurso pedagógico para que a catequese se estenda até a casa da família e fortaleça sua união com a comunidade.

Nesta edição, foi preparado um presente especial: o escapulário de Nossa Senhora do Carmo e do Sagrado Coração de Jesus. A devoção a Nossa Senhora do Carmo e o uso do escapulário fazem parte da tradição espiritual de nossa fé e nos liga ao depósito espiritual de tantos irmãos e irmãs que vieram antes de nós e se sentiram fortalecidos pela devoção a Nossa Senhora. A devoção ao Sagrado Coração de Jesus nos convida a mergulhar no amor infinito de Cristo, fonte de misericórdia e salvação para toda a humanidade.

Gostaria de agradecer às autoras, Francine e Ana Maria, pelo trabalho primoroso que realizaram, e que as bênçãos de Deus as acompanhem sempre.

Desejamos que este seja mais que um material pedagógico, que seja um verdadeiro instrumento para o crescimento na fé e a compreensão de nossa liturgia.

Débora Regina Pupo
Coord. Regional da Animação Bíblico-Catequética
CNBB – Regional Sul 2

Viva! Neste mês iniciamos um novo Ano Litúrgico: o Ano A!

O Ano Litúrgico é organizado em um ciclo que recomeça a cada três anos. Esse ciclo é composto de Anos A, B e C. Em cada um deles, há um evangelista principal:

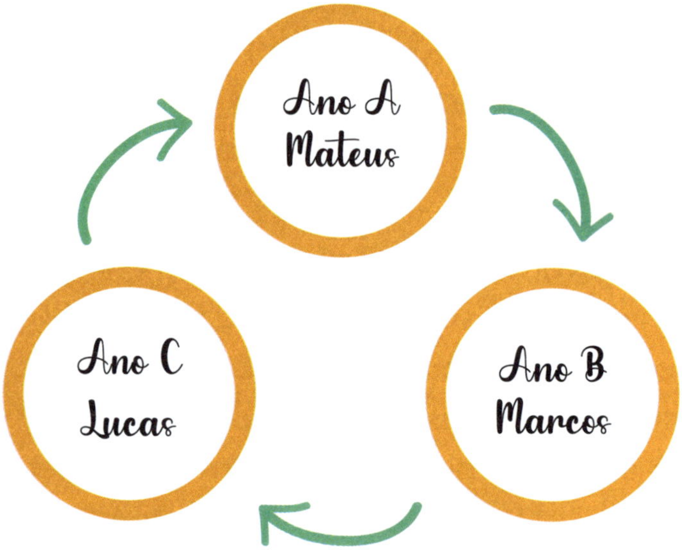

O Evangelho de João é lido em todos os anos do ciclo litúrgico.

Você sabia?

O primeiro Tempo do Ano Litúrgico é o Advento, quando nos preparamos para o Natal, a celebração do nascimento de Jesus. É um período em que refletimos sobre nossas atitudes e nos preparamos para acolher Jesus, buscando viver de acordo com os seus ensinamentos e, assim, nos aproximar ainda mais Dele.

Para descobrir quais são, o que representam e quando são utilizadas as cores do Ano Litúrgico, convide algum familiar para brincar e aprender com o jogo da memória. Para isso, acesse o QR Code.

1º Domingo do Advento

Mt 24,37-44

30/11/2025

Jesus pede para continuarmos atentos

Jesus diz que um dia retornará, mas pede que não o esperemos passivamente, nos acomodando àquilo que é contrário ao amor de Deus. Neste Evangelho, Ele nos lembra como as pessoas no tempo de Noé estavam distraídas com a realidade do mundo e não se preocuparam em dedicar tempo para sua relação com Deus.

Hoje, o convite de Jesus é para estarmos vigilantes e ficarmos atentos, mantendo em nosso dia a dia uma relação de fidelidade com o Senhor e ajudando na edificação do Reino. O que isso significa?

Utilize a tabela para substituir os desenhos pelas letras correspondentes e completar a frase.

É preciso ser um [1] ____________________ [2] ____________________, que sempre está [3] ____________________ às oportunidades de expressar o [4] ____________________ transformador de [5] ____________________ no mundo.

Criada com inteligência artificial.

O cristão que mantém sua fé de modo vigilante está sempre disposto a manifestar, em seu falar e seu agir, os ensinamentos de Jesus.

Quando oferecemos conforto ou ajuda a alguém que precisa, quando participamos ativamente da nossa comunidade, quando dedicamos tempo às nossas orações, quando cuidamos para não dizer ou fazer algo ofensivo ao outro, estamos dando testemunho dos ensinamentos de Jesus .

Desenhe uma cena que mostre como você pode estar atento e vigilante, sendo fiel a Jesus no seu dia a dia e ajudando a construir um mundo melhor.

Momento em família

Com os seus familiares, converse sobre a frase: *Ser um cristão vigilante significa estar atento às oportunidades de expressar nosso amor a Deus por meio do que fazemos e dizemos no dia a dia.*

2º Domingo do Advento

Mt 3,1-12

07/12/2025

A fé se revela na prática

João Batista dedicou sua vida a ensinar às pessoas como se aproximar de Deus, preparar-se para a vinda de Jesus e receber Dele a graça e a salvação. Entre aqueles que o ouviam estavam os fariseus, homens que se orgulhavam por conhecer muito as leis dos judeus.

João Batista sabia que os fariseus usavam seu conhecimento das leis judaicas para julgar as pessoas, em vez de ajudá-las. Por isso, diz a eles: **"Produzi, pois, frutos de verdadeira conversão..."** (Mt 3,8). Você sabe o que isso significa?

Pinte as cenas que representam atitudes de bondade e de justiça. Em seguida, complete a frase com as palavras que estão na nuvem.

Criada com Inteligência artificial.

Criada com Inteligência artificial.

Criada com Inteligência artificial.

Freepik.

Criada com Inteligência artificial.

De nada adianta conhecer as leis de ________________ se você não as ________________ de ________________, produzindo como frutos da sua ________________ atitudes de ________________ e de ________________.

Momento em família

Converse com seus familiares sobre o que podemos aprender com João Batista neste Evangelho e respondam juntos à pergunta: *Quais atitudes de vocês revelam que estão realmente praticando a sua fé?*

DEZEMBRO

3º Domingo do Advento

Mt 11,2-11

14/12/2025

Quem é o Messias esperado?

Os judeus esperavam um Messias que os salvasse com sua força e seu poder. Por isso, tinham dúvidas sobre Jesus. O Salvador aguardado seria tão simples e humilde como Ele? Em razão disso, João, para confirmar a sua esperança, envia seus discípulos para perguntarem a Ele se era o Messias esperado.

Aos que duvidavam, Jesus diz neste Evangelho: **"Feliz é aquele que não se escandalizar de mim"** (Mt 11,6). Vamos pensar sobre o que Ele quis dizer com isso?

Complete os espaços unindo as sílabas de acordo com os desenhos.

Criada com Inteligência artificial.

____________ pede que não fiquemos ____________ com sua ____________. Ele veio para ____________ que Deus ____________, ____________ e cuida de todos, sem fazer ____________. Para Jesus, é feliz aquele que ____________ em sua pessoa e em seus ____________.

Momento em família

Pergunte à sua família o que significa ajudar alguém sem fazer distinção. Depois, juntos, façam uma oração pedindo a Deus que possam sempre seguir os passos de Jesus e praticar o acolhimento a todos.

4º Domingo do Advento

Mt 1,18-24

21/12/2025

O "sim" de José

Neste Evangelho, José recebe em sonho a revelação de que o filho de Maria é fruto da ação de Deus. No sonho, José é chamado a tornar Maria sua esposa e assumir-se como pai terreno de Jesus. O "sim" de José a essa missão não foi expresso em palavras, mas em gestos: ao despertar do sonho revelador, ele acolhe Maria como sua esposa e cuida dela.

O exemplo de José nos ensina que...

Resolva as somas e subtrações, depois ordene a frase e escreva-a nas linhas.

10 – 1 = _____

4 + 2 = _____

6 – 3 = _____

5 + 2 = _____

9 + 3 = _____

2 + 6 = _____

5 – 4 = _____

12 + 4 = _____

8 + 5 = _____

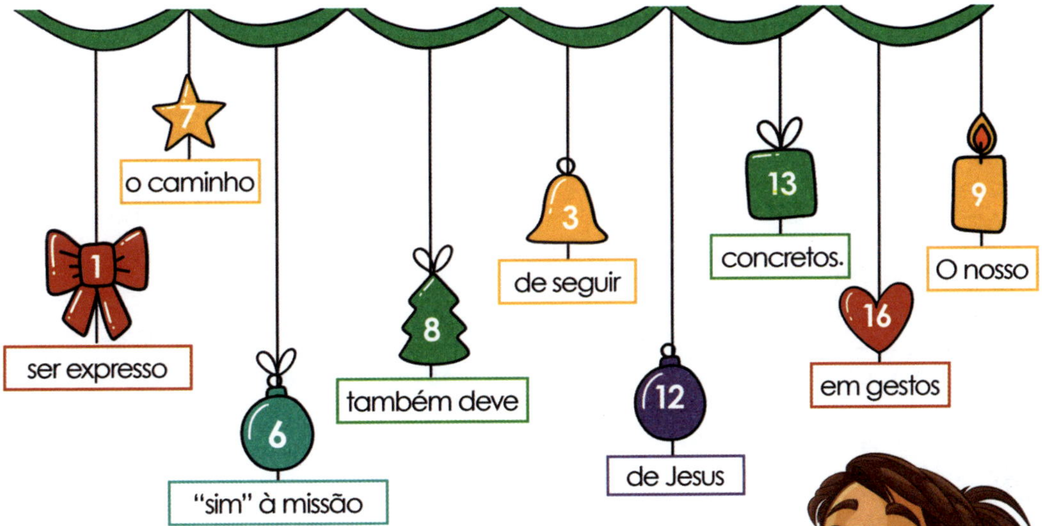

____

____

____

Pare e pense:

Observando as suas atitudes, é possível perceber que você segue a Jesus? A partir desta reflexão, identifique uma atitude que precisa praticar mais e a registre a seguir.

____

Momento em família

A imagem de **São José dormindo** é uma fonte de inspiração e devoção para muitos cristãos. Ela representa que, mesmo quando repousamos, estamos disponíveis e a serviço do amor de Deus. Em 2015, o Papa Francisco revelou confiar na intercessão de São José dormindo. Ele disse:

> Amo muito São José, porque é um homem forte e silencioso. Na minha escrivaninha, tenho uma imagem de São José, que dorme, e, quando tenho um problema, uma dificuldade, escrevo um bilhetinho e meto-o debaixo de São José, para que o sonhe. Este gesto significa: reza por este problema! (Vatican News, 2020).

Criada com Inteligência artificial.

Em família, conversem sobre algo que neste momento os preocupa e, a exemplo do Papa Francisco, rezem juntos a São José, para que ele interceda por vocês junto a Jesus.

25/12/2025
Natal do Senhor

Jo 1,1-18

Nasceu o Menino Deus!

O nascimento do Menino Jesus faz renascer a esperança para toda a humanidade. Jesus é a luz que brilha e ilumina toda a Terra. Que o Menino Deus nos encha o coração de alegria e esperança. Feliz Natal!

Pinte a ilustração do presépio. Em seguida, escreva uma frase contando o que o nascimento de Jesus significa para você.

Criada com Inteligência artificial.

Sagrada Família

Mt 2,13-15.19-23

28/12/2025

Jesus nasceu em uma família amorosa

A missão de Jesus se iniciou sob os cuidados de pais amorosos, que o protegeram daqueles que queriam lhe fazer mal. Na Sagrada Família, encontramos um relacionamento de cuidado e carinho, inspirado no amor de Deus.

Siga as orientações e faça a leitura orante do Evangelho, acolhendo a mensagem e aplicando-a no dia a dia da sua família.

1 Prepare um espaço com a Bíblia aberta, uma imagem de Jesus ou da Sagrada Família, flores e uma vela (peça a ajuda de um adulto para acendê-la).

2 Inicie este momento com o sinal da cruz.

3 Leia primeiro os versículos 13 a 15, – com atenção em cada palavra, imaginando as cenas descritas. Faça um breve momento de silêncio para deixar a Palavra de Deus se acomodar em seu coração.

4 Leia os versículos 19 a 23 e faça um momento de silêncio.

5 Em silêncio, reflita sobre suas respostas para as perguntas a seguir:

a. O que Deus quer ensinar a você com esses textos?

b. O que a simplicidade do nascimento de Jesus lhe diz sobre o estilo de vida que Ele tinha?

c. A Sagrada Família enfrentou muitos desafios, mas manteve o amor, a união e o compromisso com o plano de Deus. O que isso ensina a você sobre viver em família?

d. O que você quer responder a Deus depois desses textos? Reze a Deus a sua resposta e, caso se sinta à vontade, faça isso em voz alta.

6 Escreva uma frase que resuma o que você aprendeu ou como se sentiu com essa leitura orante.

7 Conclua este momento rezando o Pai-nosso.

DICA

Você pode pedir para uma pessoa ler os versículos 13 a 15 e para outra pessoa ler os versículos 19 a 23.

Momento em família

Convide seus familiares para realizarem juntos essa leitura orante! Organize um espaço confortável para se reunirem, e depois oriente sua família a seguir os passos que você já vivenciou.

Fèrias no Caminho de Jesus

Aproveite as férias para se conectar ainda mais com Jesus! Participe das celebrações com atenção e trilhe o caminho deste período.

01/01/2026

SANTA MÃE DE DEUS, MARIA

Lc 2,16-21

Maria, Mãe de Jesus e nossa Mãe

Jesus nasce humilde, em uma manjedoura. Após o anjo comunicar aos pastores o seu nascimento, eles vão rapidamente conhecer o Menino, e anunciam aquilo que viram. Maria ouve em silêncio e medita sobre o significado de tudo o que está acontecendo: seu filho é a Palavra feito carne (Jo 1,14).

01/01/2026

O encontro com Jesus

A estrela guiou os três magos até Belém, onde encontraram o Menino Jesus, que nasceu para a salvação de toda a humanidade, sem distinção. A visita dos magos revela a importância do testemunho daqueles que o reconhecem como o Messias, o Deus conosco. Para celebrar o momento, os magos presenteiam Jesus com ouro, incenso e mirra. Ao partirem, avisados em sonho por Deus, os magos não retornam pelo mesmo caminho. Com a atitude deles, aprendemos a estar atentos para ouvir o que o Senhor nos orienta, a mudar o caminho e as atitudes, de modo a dar testemunho da nossa fé.

04/01/2026

EPIFANIA DO SENHOR

Mt 2,1-12

04/01/2026

11/01/2026

BATISMO DO SENHOR

Mt 3,13-17

Nascer da água

Com o gesto de pedir que João o batize, Jesus nos mostra o caminho da humildade, da obediência e da conversão. Ao ver o Espírito Santo descer sobre Jesus enquanto o batizava, João Batista teve a certeza de que estava diante do Filho de Deus.

11/01/2026

01/02/2026

4° DOMINGO COMUM

Mt 5,1-12a

Uma vida feliz

Jesus nos ensina que não encontramos a felicidade na conquista de riquezas, de bens materiais. O verdadeiro caminho para a felicidade está na prática de atitudes de amor a Deus e ao próximo, de justiça e de paz.

01/02/2026

25/01/2026

Um novo tipo de pesca

Jesus chama alguns pescadores para o seguirem, deixando seus barcos e redes. Eles são convidados a se tornarem "pescadores de homens", isto é, a assumirem com Jesus a missão de anunciar o Reino de Deus.

25/01/2026

3° DOMINGO COMUM

Mt 4,12-23

18/01/2026

2° DOMINGO COMUM

Jo 1,29-34

"Este é o Filho de Deus!"

João Batista reconheceu o Filho de Deus, porque estava atento a todos os sinais do Espírito Santo!

18/01/2026

08/02/2026

5° DOMINGO COMUM

Mt 5,13-16

Convidados a seguir Jesus

Jesus nos convida a segui-lo, mas é preciso ser o sal da terra e a luz do mundo. Isso significa que precisamos dar testemunho do amor de Deus com a nossa vida. Podemos ser sal quando temos atitudes de gentileza com um amigo que está triste, quando ajudamos em casa ou falamos a verdade. E podemos ser luz quando auxiliamos alguém a entender o que é certo e errado, como guias para as pessoas fazerem o bem.

08/02/2026

15/01/2026

6° DOMINGO COMUM

Mt 5,17-37

Jesus nos ensina a viver melhor

Jesus nos ensina que é preciso observar as Leis conforme o que Deus espera de nós, mantendo uma postura coerente com o seu verdadeiro significado: agir com justiça, ser honesto, perdoar, não ter atitudes de vingança quando alguém não age corretamente com a gente... Neste Evangelho, Ele nos mostra que a Lei existe para ser praticada em nosso dia a dia, mais do que apenas observada. É assim que alcançaremos a felicidade.

15/02/2026

18/02/2026

QUARTA-FEIRA DE CINZAS

Mt 6,1-6.16-18

É o início da Quaresma. Este é um período importante de reflexão em preparação para a Páscoa! Você pode organizar o espaço de oração deixando nele a Bíblia aberta junto a uma imagem de Jesus ou da Sagrada Família. Convide sua família a pensar quais atitudes precisam melhorar para fortalecer o compromisso com Jesus de ser uma família que segue o que Ele nos ensina.

22/02/2026

1° DOMINGO DA QUARESMA

Mt 4,1-11

Vencendo as tentações

Jesus nos ensina que algumas vezes sofremos tentações, mas que é possível superá-las e seguir a vontade de Deus.

22/02/2026

2º Domingo da Quaresma

Mt 17,1-9

01/03/2026

Falando com Jesus, falamos com Deus

MARÇO

Neste Evangelho, Deus apresenta Jesus como seu Filho amado a quem devemos ouvir. É falando com Jesus, portanto, que também falaremos com Deus Pai.

Criado com inteligência artificial.

Pare e pense:

Freepik.

Quanto de seu tempo você dedica para falar com Jesus?

Ouvir o que Jesus diz depende do quanto pausamos para encontrá-lo e escutá-lo.

Que tal, neste momento, fazer uma experiência de encontro com Jesus, buscando escutar o que tem a lhe dizer? Siga o passo a passo.

1. Com sua Bíblia na mão, procure um lugar onde possa rezar em silêncio – pode ser o seu quarto ou o quintal de sua casa.

2. Sente-se e faça o sinal da cruz. Feche os olhos e, respirando com calma, convide Jesus para que venha lhe fazer companhia.

3. Abra a Bíblia e leia Mt 17,1-9 pausadamente em voz alta, imaginando toda a cena descrita.

4. Agradeça a Jesus por nos revelar a sua face divina e por nos deixar tantos ensinamentos que nos aproximam de Deus Pai.

5. Converse com Jesus sobre você: comente como está se sentindo, descreva o que está acontecendo na sua escola e na sua família, e peça o que você gostaria que Ele fizesse em sua vida neste momento.

6. Pause, feche os olhos e fique um pouco em silêncio. Imagine Jesus ao seu lado, acolhendo você depois de ouvi-lo.

7. Faça a oração:
   Senhor Jesus, na sua presença eu lhe peço que fale ao meu coração. Que as suas palavras alcancem meus pensamentos e sentimentos, e que eu possa ouvi-lo todos os dias da minha vida. Amém.

8. Agradeça a companhia de Jesus neste momento e conclua com o sinal da cruz.

Momento em família

Reúna sua família e compartilhe como foi seu encontro com Jesus. Depois, convide seus familiares a realizarem essa experiência passo a passo com você.

3° Domingo da Quaresma

Jo 4,5-42

08/03/2026

Com Jesus aprendemos a não julgar

Jesus falou com uma mulher samaritana numa época em que judeus e samaritanos não conversavam. Havia muito preconceito entre eles.

Aprendemos neste Evangelho que Jesus supera qualquer preconceito e se aproxima amorosamente das pessoas, sem julgá-las. E você? Consegue fazer o mesmo?

Assim como os judeus e samaritanos na época de Jesus, muitas vezes nós evitamos pessoas porque não queremos brincar nem ser amigáveis com elas.

Que tal criar uma história para exemplificar o que aprendemos com o Evangelho deste domingo? Observe a ilustração e imagine o que acontece depois para que, ao final, todas as crianças brinquem juntas. Agora é com você! Use a sua imaginação e desenhe a sequência da história nos quadrinhos.

Freepik.

Você sabia

Enquanto o preconceito exclui as pessoas, a inclusão busca garantir que elas possam participar e usufruir de seus direitos com igualdade.

Momento em família

Com sua família, pesquise o que significa **inclusão** e converse sobre quais pessoas, em nossa sociedade, costumam sofrer preconceitos e precisam ser mais incluídas.

4º Domingo da Quaresma

Jo 9,1-41

15/03/2026

Fazer o bem é o que alegra o Senhor

Jesus escolheu curar o cego num sábado, mesmo sabendo que seria julgado pelos fariseus. Para Ele, curar o cego era mais importante do que "guardar o sábado". Afinal, o "sábado era guardado" para Deus, e o que alegraria mais o Senhor do que fazer o bem a alguém?

Aprendemos com Jesus que ajudar as pessoas é algo que devemos fazer sempre que podemos, mesmo que isso nos coloque em uma posição incômoda.

Ainda que hoje possamos fazer o bem a qualquer momento, muitas vezes escolhemos não fazê-lo. Ignoramos quem precisa de ajuda por vergonha, preguiça e até medo.

Leia a história a seguir.

João é o menor aluno da turma. Por causa disso, muitos meninos zombam dele. A zombaria começou com piadas, mas logo João passou a ser empurrado e ter seus materiais escolares estragados pelos demais meninos. Cecília estuda na mesma turma que João, e ela segue os ensinamentos de Jesus. Um dia, ela vê João cercado pelos colegas que riem e o chutam. Cecília sente medo de falar ou fazer alguma coisa para defender João, porque os meninos poderiam também brigar com ela. Apesar do medo, ela decide que vai fazer como Jesus ensinou e ajudá-lo de algum jeito.

Escolha um dos finais propostos para a história e marque um **X** na opção que você prefere. Depois, com a ajuda de seus familiares, escreva o final que você escolheu.

- ( ) Cecília conta a suas amigas, que vão juntas falar com a diretora.
- ( ) Cecília conta a seus pais, que vão até a escola falar para a diretora o que está acontecendo.
- ( ) Cecília chama um dos professores, que, ao saber do acontecido, ajuda João e leva a situação para a diretora.

Momento em família

Leia com seus familiares o Evangelho deste domingo e conversem sobre a vergonha, a preguiça e o medo que às vezes nos impedem de ajudar alguém. Depois, realizem juntos a oração:

Querido Jesus, pedimos que todos os dias sensibilize o nosso coração para que sempre estejamos dispostos a ajudar os que mais precisarem. Amém.

5º Domingo da Quaresma

Jo 11,1-45

Nada é impossível para Deus

22/03/2026

Muitas vezes podemos nos sentir desamparados, como se nada pudéssemos fazer para melhorar ou resolver uma situação. Nesses momentos difíceis, algumas pessoas ficam tão tristes que perdem a fé em Deus e o amor à vida.

Neste Evangelho, vemos que Jesus se _ _ _ _ _ o _ _ com a dor de seus _ m _ _ _ _ e vem ao encontro deles para _ _ _ _ _ á-_ _ _. Ele _ _ _ _ _ _ _ _ t _ _ Lázaro, revelando seu poder sobre a _ o _ _ _ e, com isso, mostrando que nada é _ _ _ _ _ _ _ v _ _ para Deus!

Procure na imagem as palavras que se encaixam nos espaços para completar a frase. Depois pinte o desenho, deixando-o bem colorido.

Pense em atitudes que tornam você mais amigo(a) de Jesus. Em seguida, complete a oração pedindo a Ele que ajude você a praticá-las.

Querido Jesus, quero me aproximar e ter com você uma amizade verdadeira. Por favor, me ajude a

____

____

____

Momento em família

Reúna sua família e conversem sobre como podem fortalecer a amizade com Jesus e confiar mais Nele nos momentos de dificuldade. Depois, proponha que realizem juntos a oração que você escreveu na atividade.

Para Jesus vir ao nosso encontro, precisamos confiar em seu amor por nós e cultivar com Ele uma amizade verdadeira.

No próximo domingo se inicia a Semana Santa, com o Domingo de Ramos. Que tal preparar um símbolo, um ramo, para colocar na porta de sua casa?

Domingo de Ramos

Mt 21,1-11

Em Jesus está a nossa esperança

29/03/2026

Jesus é recebido com muita alegria em Jerusalém!

Você sabe por quê?

Descubra a resposta combinando as cores das gotas com as cores das flores. Siga a ordem: primeiro escolha a palavra na linha da cor da gota, depois na coluna da cor da flor.

	digna,	pobres,	necessitados,	doentes e
	porque tratava	era crer que	justa e	a todos
	a vida podia	os	com igualdade.	ser mais
	Crer em	aos mais	mesmo para	esperança
	trouxe	Jesus	mais	desamparados.

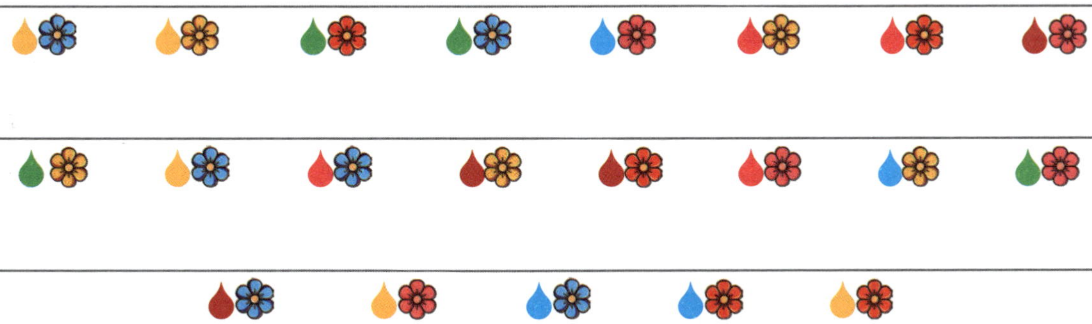

Montado no pequeno jumento, Jesus entrou na cidade com humildade e simplicidade. Com isso, Ele nos mostra que, mesmo sendo o Salvador do mundo, ainda se mantém próximo daqueles que o seguem.

Criada com Inteligência artificial.

Momento em família

Hoje iniciamos a Semana Santa, que terminará no Domingo de Páscoa. É uma semana para relembrar os últimos dias da vida terrena de Jesus, renovando a nossa esperança e nossa fé Nele.

Converse com sua família sobre a celebração deste Domingo de Ramos e de que modo podem viver a Semana Santa, dedicando algum tempo diariamente para refletirem juntos sobre os acontecimentos celebrados nestes dias. Depois, registre nas linhas aquilo que conversaram.

Que tal convidar sua família para prepararem símbolos para vivenciar os próximos acontecimentos da Semana Santa?

Quinta-feira Santa: coloque um jarro com água e uma toalha no espaço de oração de sua família.

Sexta-feira Santa: coloque uma cruz na janela de sua casa ou um tecido roxo.

Sábado Santo: acenda uma vela no espaço de oração de sua família.

Domingo de Páscoa: coloque flores e um tecido branco na janela.

Criada com inteligência artificial.

Ei, que tal fazer uma atividade especial neste Domingo de Ramos? Acesse o QR Code!

Semana Santa

Na Semana Santa, somos convidados a refletir sobre o que aconteceu com Jesus antes de sua ressurreição, abertos a acolher a nossa missão de cristãos.

Em 2024, o Papa Francisco enviou em vídeo uma mensagem para a Semana Santa de Mérida, uma cidade na Espanha. Suas palavras são importantes para todos nós e nossa missão de cristãos:

> A Semana Santa é um tempo de graça, não nos esqueçamos disso, é um tempo de graça que o Senhor nos dá para abrir as portas dos nossos corações, das nossas paróquias, das nossas fraternidades. "Abrir" e "sair" é o que nos é pedido na Semana Santa; abrir o coração e sair ao encontro de Jesus e dos outros, e também para levar a luz e a alegria da nossa fé. Sair sempre! E fazer isso com amor e com a ternura de Deus, com respeito e paciência, sabendo que nós colocamos nossas mãos, nossos pés, nosso coração, mas que é Deus quem nos guia e nos mostra o caminho (Vatican News, 2024).

Com sua família, participe das celebrações e converse sobre o que aprenderam. Juntos, colem as figurinhas e escrevam o que desejam sempre se lembrar de cada Evangelho.

Ceia do Senhor

Jesus ensina a servir

Jo 13,1-15

02/04/2026

Paixão do Senhor

Jesus é condenado

Jo 18,1-19,42

03/04/2026

Vigília Pascal

Jesus vence a morte

Mt 28,1-10

04/04/2026

Páscoa do Senhor

Jo 20,1-9

05/04/2026

Jesus ressuscitou por nós

Siga as setas, ordene o texto e escreva-o nas linhas.

Hoje nos alegramos porque Jesus ressuscitou! ______________________

____

____

____

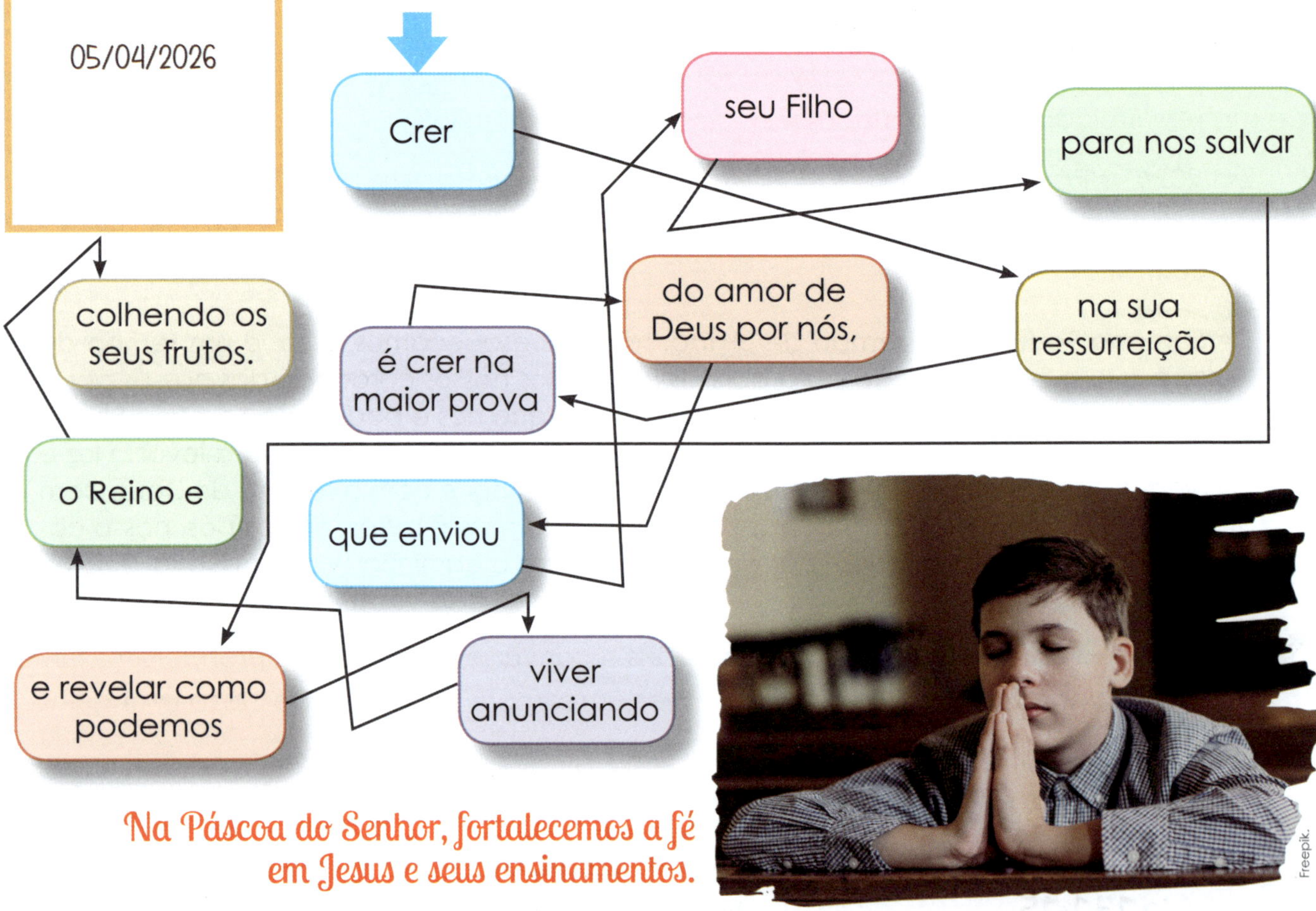

Freepik.

Na Páscoa do Senhor, fortalecemos a fé em Jesus e seus ensinamentos.

Dedique um momento do seu dia para expressar a sua gratidão a Jesus e, depois, registre o que fez para demonstrar isso.

____

____

____

Momento em família

Converse com seus familiares sobre como você expressou sua gratidão a Jesus por doar a sua vida por amor a nós. Depois, convide-os para também fazerem algo com esse propósito.

Que tal realizar uma atividade especial nesta Páscoa? Acesse o QR Code!

2º Domingo da Páscoa

Jo 20,19-31

12/04/2026

O Espírito Santo é nosso presente

Para continuarmos a missão de Jesus de testemunhar o amor de Deus no mundo, nos foi deixado um importante presente: o Espírito Santo.

É o Espírito Santo que nos orienta e inspira em nossas atitudes de amor ao próximo, de ajuda aos mais necessitados, de defesa da justiça e de construção da paz.

Criada com Inteligência artificial.

Que tal meditar o Evangelho deste domingo colocando-se na presença de Deus para acolher melhor esta mensagem? Siga os passos.

1 Procure um lugar silencioso onde possa organizar um espaço com a Bíblia, flores e um crucifixo.

2 Escolha uma posição confortável e respeitosa com o momento, e então leia o texto bíblico lentamente.

3 Repita três vezes o final do versículo 29: "Felizes os que não viram e creram".

4 Em silêncio, reflita sobre as perguntas:

a. Como está minha fé nas promessas e nos ensinamentos de Jesus?
b. Estou sendo fiel à missão que Jesus me deixou, de levar o amor de Deus às pessoas e a todas as criaturas?
c. Como posso melhorar meu relacionamento com Jesus?

5 Encerre o momento rezando em voz alta com a mão no peito:

Querido Jesus, que o Espírito Santo com o qual nos presenteou guie minhas escolhas, palavras e atitudes para que eu sempre me mantenha leal aos seus ensinamentos e fiel ao seu amor. Amém.

Pare e pense:

Freepik.

Como foi este momento meditativo para você?

Momento em família

Depois de meditar o Evangelho sozinho seguindo o passo a passo, convide sua família para meditá-lo com você e conduza esse momento. Ao final, escrevam juntos uma frase que resuma o que aprenderam.

3º Domingo da Páscoa

Lc 24,13-35

19/04/2026

Jesus vem renovar nossa esperança

Criada com Inteligência artificial.

Os discípulos a caminho de Emaús não sabiam da ressurreição de Jesus, por isso ainda estavam muito tristes com a sua morte. Mesmo quando Jesus ressuscitado apareceu para eles, a dor e a tristeza que sentiam os deixaram incapazes de reconhecê-lo.

Às vezes nossas preocupações e tristezas tornam difícil sentir a presença de Jesus, mas Ele sempre faz conosco o que fez a esses discípulos. Você sabe o quê?

Descubra a resposta, pintando o caminho que leva as pessoas até Jesus.

Freepik.

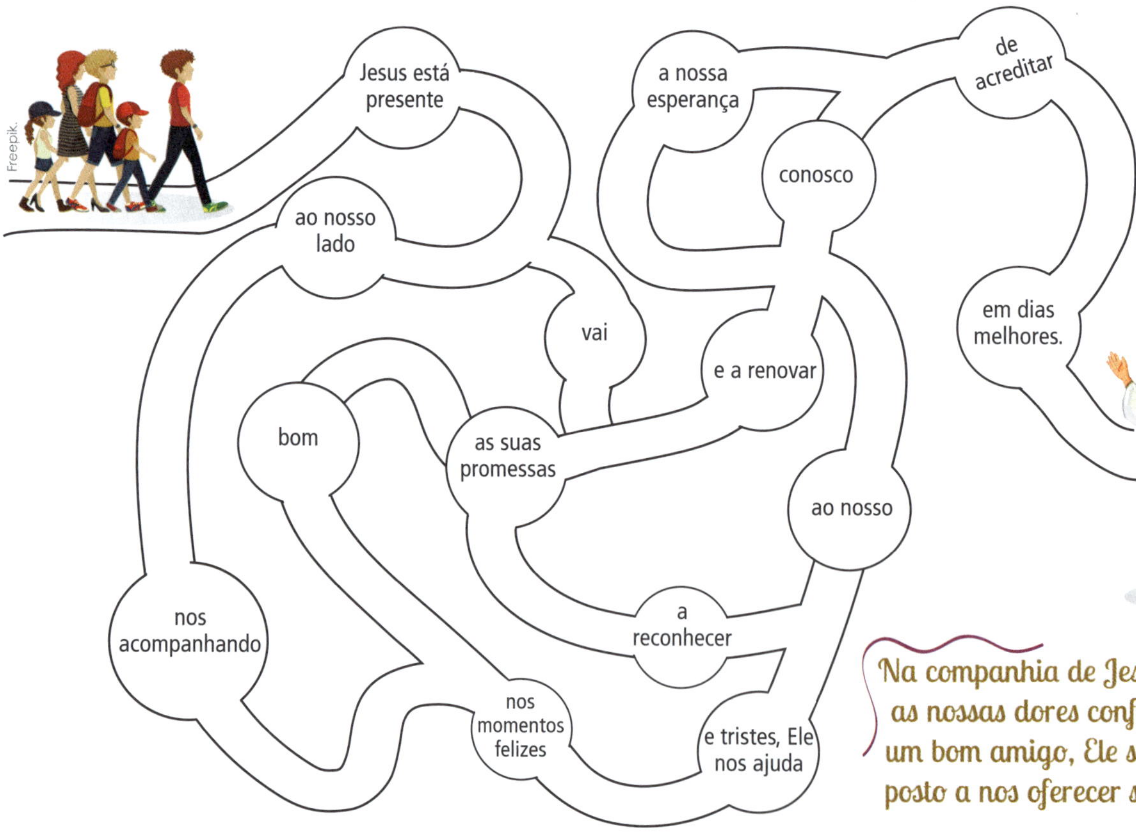

Freepik.

Na companhia de Jesus, podemos ter as nossas dores confortadas. Como um bom amigo, Ele sempre está disposto a nos oferecer sua companhia.

Freepik.

Assim como a dor de perder Jesus deixou os discípulos cegos para a presença Dele, a dor de perder alguém pode trazer muito sofrimento para as pessoas. A nossa Igreja busca oferecer um acolhimento especial para quem está de luto, para ajudar a preservar a fé e a manter o coração aberto a Jesus. Esse acolhimento é feito pela Pastoral da Esperança. Pergunte sobre ela em sua paróquia!

Momento em família

Converse com sua família sobre como podem lidar com momentos difíceis mantendo o coração aberto a Jesus.

4º Domingo da Páscoa

Jo 10,1-10

26/04/2026

Quem segue Jesus, ouve o que Ele diz

Neste Evangelho, Jesus se apresenta como nosso Bom Pastor. Você sabe o que isso significa?

Descubra a resposta unindo as sílabas de cada ovelha para formar as palavras.

____ ____ são as pessoas que tentam ____ ____ ____ ____ ____

nossas ____ ____ ____ dizendo o que devemos fazer e pensar, mas

somente ____ ____ pode nos ajudar com seus ____ ____ ____ ____ ____

a nos aproximarmos de Deus. Ele ____ ____ ao nosso lado, sem nos

____ ____ ____ ____ em ____ ____ ____ difíceis, sempre nos ____ ____ ____ ____.

Observe a ilustração.

Hoje temos *influencers* que dedicam seu tempo a produzir conteúdos com a intenção de nos dizer o que é importante e o que é preciso ter para ser feliz, fazer amigos e conquistar outras tantas coisas. Mas devemos estar atentos ao que Jesus nos orienta sobre nosso comportamento e nossa maneira de viver e nos relacionarmos com as pessoas, com Deus e com a natureza. Como suas ovelhas, é a voz Dele que devemos ouvir.

Pare e pense:

O conteúdo a que você está assistindo na internet é compatível com o que Jesus ensina?

Momento em família

Quem segue Jesus revela isso em suas atitudes. Avalie com sua família o quanto vocês têm expressado atitudes de perdão, compaixão, bondade, justiça, esperança... como Jesus ensinou.

MAIO

5º Domingo da Páscoa

Jo 14,1-12

03/05/2026

Jesus convida a conhecê-lo

Jesus diz que para conhecer a Deus é preciso conhecê-lo. Você sabe o que precisa fazer para que isso aconteça?

Para encontrar a resposta, escreva as palavras que correspondem aos números do banco de palavras.

15 11 32 20 6 2 19 13 16 21

30 9 1 3 10 29 4 2 33 22

25 7 23 14 26 18 8 12 18 17

24 23 16 2 31 27 18 5 28

1 Fazemos	2 e	3 isso	4 lemos	5 presença	6 palavras	7 ouvimos	8 Missa	9 melhor.	10 sempre
11 preciso	12 ou	13 de	14 os	15 É	16 Jesus	17 catequese,	18 na	19 atitudes	20 as
21 para	22 a	23 sobre	24 conversamos	25 Bíblia,	26 evangelhos	27 colocando-nos	28 Dele.	29 que	30 conhecê-lo
31 rezamos,	32 observar	33 meditamos							

Jesus quer ser nosso amigo, mas Ele sabe que uma relação de confiança e intimidade precisa de convivência para ser construída.

Que tal organizar sua agenda incluindo todos os dias pelo menos dez minutos para rezar e buscar se aproximar de Jesus?

Criada com Inteligência artificial.

Momento em família

Converse com sua família sobre a possibilidade de tornar a leitura da Bíblia uma prática semanal entre vocês ou combinem outra maneira de buscarem juntos conhecer Jesus um pouco mais.

Curiosidade

Freepik.

Um ano do pontificado do Papa Leão XIV

No dia 8 de maio de 2025, o Colégio de Cardeais da Igreja Católica se reuniu em um Conclave para eleger um novo Papa. O cardeal norte-americano Robert Francis Prevost foi o escolhido, adotando o nome de Papa Leão XIV.

O nome é uma homenagem a dois papas: Leão I, conhecido como "O Magno", e Leão XIII, cujo papado de 25 anos foi o quarto mais longo da história da Igreja. Você pode acompanhar novidades da nossa Igreja através do site oficial: https://www.vaticannews.va/pt.html.

Falar e agir como Jesus ensinou

6º Domingo da Páscoa

Jo 14,15-21

10/05/2026

Observe a ilustração.

Na ilustração, duas garotas conversam sobre as palavras e atitudes de Miguel não serem coerentes com os ensinamentos de Jesus. *Mas o que isso tem a ver com o Evangelho de hoje?*

Descubra escrevendo as palavras que Jesus disse no versículo 15.

Neste Evangelho, Jesus adverte que não adianta dizer que o amamos, se não seguimos seus ensinamentos. Ele se sente amado por nós quando...

Complete a frase juntando as sílabas de acordo com as imagens da tabela.

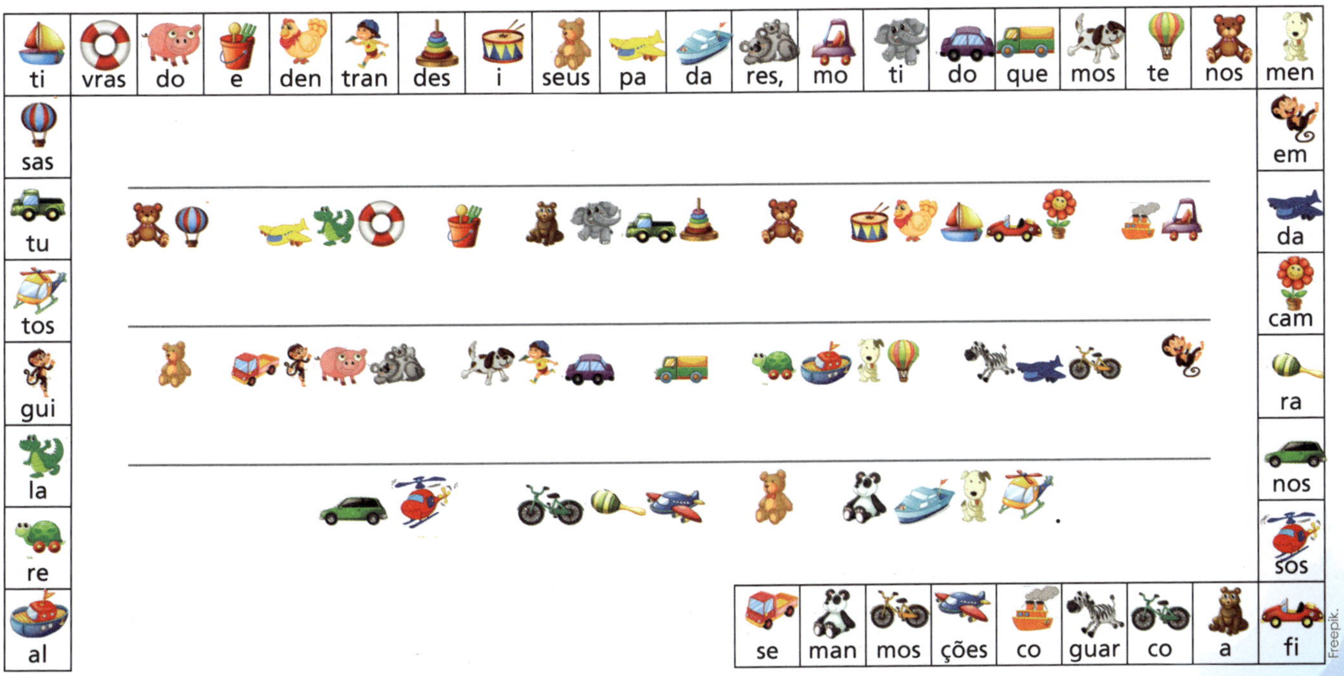

Não é fácil manter nossas palavras e atitudes coerentes com os ensinamentos de Jesus, e Ele sabe disso. Foi por isso que Ele nos enviou o Espírito Santo, para inspirar e guiar nossas escolhas em seu caminho.

Observe a ilustração. Escreva no caminho algumas atitudes que correspondem àquilo que Jesus nos ensina e que o Espírito Santo nos inspira a realizar. Depois, que tal colorir a cena, deixando-a bem bonita?

Momento em família

Converse com sua família sobre como é difícil se manter fiel aos ensinamentos de Jesus, principalmente quando podemos obter vantagens mentindo ou brigando. Depois comente que o Espírito Santo nos foi enviado para nos ajudar e capacitar para superarmos as dificuldades, vivermos os seus ensinamentos e testemunharmos o amor de Deus com nossas atitudes. Em seguida, convide seus familiares a dizerem juntos a oração de invocação do Espírito Santo:

Ó Deus, que instruístes os corações dos vossos fiéis com a luz do Espírito Santo, fazei que apreciemos retamente todas as coisas segundo o mesmo Espírito e gozemos sempre da sua consolação. Por Cristo, Senhor Nosso. Amém.

Ascensão do Senhor

Mt 28,16-20

17/05/2026

Ensinar aos outros o que aprendemos

Neste Evangelho, Jesus deixou aos discípulos a missão de ensinar a outras pessoas o que aprenderam com Ele, para que todas conheçam o amor de Deus.

Hoje, como seguidores de Jesus, nós herdamos a missão dos discípulos de levar seus ensinamentos aos outros. Mas como podemos fazer isso?

Descubra a resposta pintando as células da tabela que contêm ♥ ou ★. Em seguida, escreva nas linhas as palavras que ficaram sem pintar.

Uma ♥	Quando	céu ★	expressamos	amar ★	seus ♥	palavras	minha ★	e
atitudes	missão ★	que	revelam	pessoas ♥	o	são ♥	que	aprendemos
outros ♥	com	mesmo ★	em ♥	Jesus,	como	amigo ★	amor	ao
próximo	ele ★	justiça	e	sim ★	compaixão,	caros ♥	isso ♥	estamos
também	mãos ★	coisas ★	ensinando	muito ★	às	pessoas	a	ficar ♥
mensagem	que	precisa ♥	Ele	não ♥	que ★	nos	família ♥	deixou.

Freepik.

Isso significa que cumprir a missão que Jesus nos deixou depende do nosso compromisso de viver seus ensinamentos.

Você sabe acolher os sentimentos de uma pessoa com palavras que expressem que você é um seguidor de Jesus?

Observe a ilustração e imagine que a menina que chora está passando por um momento difícil. No balão de fala, escreva as palavras que você diria para demonstrar acolhimento, apoio e respeito de acordo com os ensinamentos de Jesus. Se necessário, peça a ajuda de seus familiares.

Freepik.

Momento em família

Reflitam juntos sobre a pergunta: *Suas palavras e atitudes em família revelam que vocês seguem Jesus?*

Pentecostes

Jo 20,19-23

24/05/2026

O Espírito Santo nos guia no caminho

Jesus nos deixou o Espírito Santo para nos ajudar a cumprir a missão de levar seus ensinamentos a todos. Você sabe o que isso significa?

Organize as sílabas de cada palavra e complete a frase.

Com a ajuda do ________________ __________, podemos ________________________ quais escolhas nos ______________ no ______________________ de ________________.

É o Espírito Santo que nos inspira a fazer o bem e nos ajuda a ouvir o que Jesus diz.

A seguir, faça desenhos representando duas atitudes que você reconhece serem inspiradas pelo Espírito Santo.

A celebração de Pentecostes acontece cinquenta dias após a Páscoa, a Ressurreição de Jesus.

Momento em família

Apresente aos seus familiares as atividades que fez neste domingo e convide-os a criarem juntos uma história para cada uma das atitudes que você desenhou.

Santíssima Trindade

Jo 3,16-18

31/05/2026

A maior prova do amor de Deus

Hoje celebramos a Santíssima Trindade, exemplo de comunidade de amor que reúne o Pai, o Filho e o Espírito Santo.

Observe a sequência dos desenhos e escreva a palavra que cada um representa para completar a frase.

No Evangelho entendemos que a ____.

É por meio de Jesus que aprendemos a nos aproximar de Deus. Por isso, sem crermos em Jesus, não conseguiremos nos inspirar em suas atitudes para _ _ I _ com _ _ _ D _ _ _ em relação a _ E _ _ e aos _ _ _ _ _ S, _ _ _ _ _ _ _ _ D _ a _ E _ _ _ _ _ _ e a _ _ _ T _ _ _ como _ _ E nos _ _ _ _ _ O _.

Criada com Inteligência artificial.

Procure no caça-palavras nove palavras que completam a frase e escreva-as nas linhas ao lado. Depois, encaixe cada palavra no lugar correto e complete a frase.

J	J	W	K	J	Q	E	L	E	A	Ç	I	V
U	Y	I	Q	Y	J	Ç	Y	Q	G	Y	R	E
S	L	E	A	L	D	A	D	E	I	Q	M	R
T	I	J	K	Ç	W	I	K	Ç	R	W	Ã	D
I	Y	E	N	S	I	N	O	U	Q	Q	O	A
Ç	J	Y	I	J	W	I	Y	Ç	W	K	S	D
A	Y	J	W	K	D	E	U	S	Q	Y	I	E
W	P	R	A	T	I	C	A	N	D	O	W	I

1. __________________
2. __________________
3. __________________
4. __________________
5. __________________
6. __________________
7. __________________
8. __________________
9. __________________

Freepik.

Momento em família

Ao fazermos o sinal da cruz, invocamos a Santíssima Trindade e pedimos sua proteção e orientação para que nossas escolhas nos mantenham próximos de Deus, de Jesus e do Espírito Santo. Façam juntos a oração do Sinal da Santa Cruz:

"Pelo sinal da Santa Cruz (façam uma cruz com o polegar na própria testa), livrai-nos, Deus, Nosso Senhor (façam uma cruz com o polegar sobre os lábios), dos nossos inimigos (façam uma cruz com o polegar sobre o coração). Amém."

Freepik.

Na próxima quinta-feira será **Corpus Christi**. Participe com sua família da celebração em sua comunidade e leiam juntos: Jo 6,51-58.

JUNHO

10° Domingo Comum

Mt 9,9-13

07/06/2026

Disposição para mudar

Na época de Jesus, os cobradores de impostos muitas vezes agiam com arrogância ao cobrarem do povo. Eram representantes de um governo que explorava os mais pobres, e por isso eram considerados pecadores. Apesar disso, Jesus surpreende a todos ao chamar Mateus, um cobrador de impostos, para ser um de seus discípulos. Mateus aceitou o convite e se mostrou disposto a mudar de vida para seguir o Messias. Com isso, Jesus nos deixa uma importante lição!

Descubra qual é a lição, escrevendo cada palavra no quadrinho vazio que corresponde à sua cor.

do Senhor. | **aproximar-se** | **transformador.** | **as pessoas podem mudar** | **como Mateus,** | **acreditar que** | **tem poder** | **quando recebem misericórdia.** | **pode tornar-se melhor e,** | **Quem decide mudar** | **O amor de Deus** | **Por isso, é preciso**

Criada com inteligência artificial.

Freepik.

Pare e pense:

Assim como Mateus, você está disposto a fazer as mudanças necessárias em suas atitudes e palavras para seguir Jesus?

Momento em família

Convide seus familiares para refletirem juntos sobre as palavras de Jesus no versículo Mt 9,13b: *"Porque não vim para chamar os justos, mas os pecadores". Para vocês, o que Jesus quis dizer com isso?*

Freepik.

Sagrado Coração de Jesus

No dia 12 de junho celebramos a solenidade do Sagrado Coração de Jesus. A imagem do coração coroado de espinhos simboliza seu amor misericordioso que, mesmo quando erramos, está sempre pronto a nos perdoar. Reze: *"Jesus, eu confio em Ti! Coloque o meu coração dentro do Teu coração!"*

Imaculado Coração de Maria

Freepik.

O coração de Maria é puro, calmo e cheio de amor. Ela nos ensina a amar com alegria, paciência e fé. Reze à Maria: *"Maria, Mãe de Jesus e nossa Mãe, me ensine a amar Jesus e ao próximo como Ele nos ensinou!"*

11º Domingo Comum

Mt 9,36-10,8

14/06/2026

Fazer o bem gratuitamente

Observe as ilustrações.

Criada com Inteligência artificial.

Vemos duas amigas com atitudes diferentes diante da possibilidade de ajudar alguém. Mas o que Jesus diz sobre isso no Evangelho de hoje?

Descubra a resposta unindo as sílabas que correspondem aos desenhos das frutas.

SE	DO	ES	GUI	PE	JE	RAR	RES	ÇÃO	SUS	SA	PEN	PE	COM	BEM	DE

______________ ____________ que seus ______________________ façam o

__________ sem ____________________ uma ____________________.

É isso mesmo! Jesus quer que compartilhemos gratuitamente com as pessoas o amor de Deus por meio das nossas atitudes e palavras, sem segundas intenções ou interesse em receber algo em troca.

Pare e pense:

Freepik.

Uma pessoa pode ajudar alguém esperando receber elogios, reconhecimento ou até mesmo algum pagamento em troca. O que você pensa sobre isso?

Freepik.

A Igreja Católica realiza ações para promover a inclusão e a solidariedade de pessoas que, em situação de vulnerabilidade, estão desabrigadas. Procure conhecer as ações realizadas pela Pastoral do Povo de Rua de sua paróquia!

Momento em família

Converse com sua família sobre este Evangelho e pensem juntos sobre o versículo Mt 10,8b: *"Recebestes de graça, dai de graça!"*.

12° Domingo Comum

Mt 10,26-33

21/06/2026

Não tenhais medo

Viver o que Jesus nos ensinou pode ser difícil quando sentimos medo. Vejamos alguns exemplos:

Ensinamento de Jesus	Medo
Dizer a verdade	Desagradar alguém e perder sua amizade
Não brigar	Acharem que você é fraco
Ajudar	Acabar atrapalhando
__________	__________
__________	__________
__________	__________

Complete as listas com outros três exemplos.

Jesus entende que o medo pode ser um grande obstáculo para o nosso compromisso de segui-lo, por isso nos deixou uma mensagem importante neste Evangelho: "Não tenhais medo".

Mas como podemos fazer isso?

Descubra a resposta seguindo as linhas e organizando a frase.

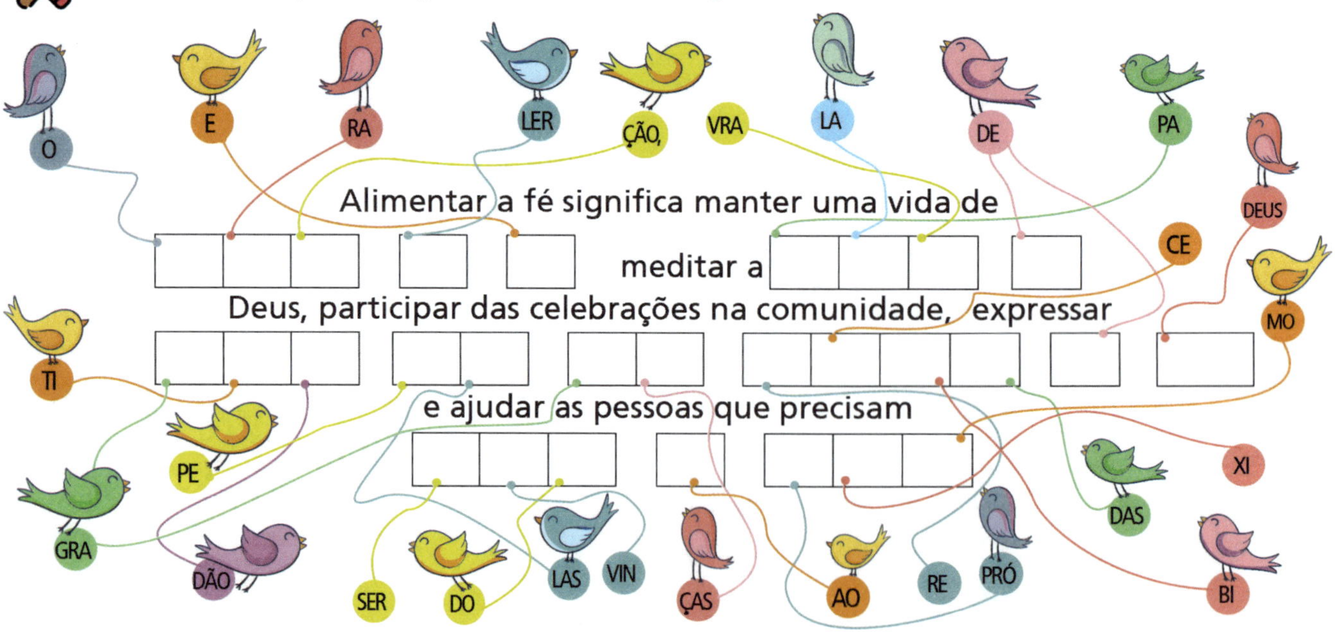

O medo pode tornar a nossa fé pequena, mas uma fé grande pode diminuir o medo. Sempre que estiver com medo, que tal se lembrar deste Evangelho e pedir a Deus para aumentar a sua fé?

Momento em família

Converse com sua família sobre alguns medos que vocês já tiveram e que foram desafiantes para a sua fé. Depois, façam juntos uma oração espontânea pedindo a Jesus que os ajude a manter a fé no seu caminho de discípulos.

São Pedro e São Paulo

Mt 16,13-19

28/06/2026

Eu creio

Muitos que viram Jesus ainda não acreditavam que fosse o Messias capaz de salvá-los. Essa dúvida existia porque eles esperavam alguém que, com sua força, reuniria um exército para lutar contra os governantes exploradores do povo. Mas Pedro declara sua fé em Jesus:

Tu és o Cristo, o Filho de Deus vivo!

Criada com Inteligência artificial.

Em resposta, Jesus apresenta Pedro como o pilar da comunidade de fé, aquele que tem a responsabilidade de cuidar e guiar os seguidores de Jesus. Você sabe o que isso significa?

Identifique e pinte as palavras nas nuvens. Escreva cada letra que sobrou nos espaços e descubra a mensagem.

1 [ ][ ][ ][ ][ ] iniciou uma

2 [ ][ ][ ][ ][ ][ ][ ][ ][ ][ ]

onde todos poderiam encontrar apoio para

3 [ ][ ][ ][ ][ ][ ][ ][ ][ ] a

4 [ ][ ]

1
PEDROJEXÉRCITO
ESAMORUSCREIO

3
SPOVOUSPERDÃOT
VIVOENTLEALDADEAR

2
MESSIASCVERDADE
OMFÉUNFORÇAIDJUSTIÇA
AMODELODE

4
EXEMPLOFDEUS
ÉPALAVRA

A fé de Pedro é modelo para todos nós aprendermos a crer, mesmo quando muitos duvidam.

Neste Evangelho, Jesus faz uma pergunta:

Criada com Inteligência artificial.

Jesus quer saber como responderíamos a essa pergunta, que nos convida a pensarmos na nossa fé.

Usando as linhas, escreva uma poesia que apresente quem é Jesus para você. Não se esqueça de atribuir um título para a sua poesia e assiná-la.

Momento em família

Converse com sua família sobre as palavras de Pedro serem uma declaração de sua fé em Jesus. Depois, convide-a para juntos fazerem a oração do Credo (Creio).

Férias no Caminho de Jesus

14° Domingo Comum

Mt 11,25-30

05/07/2026

Deixe Jesus ajudar você

Leia o Evangelho de hoje e escreva nas linhas o versículo que mais lhe chamou atenção.

15° Domingo Comum

Mt 13,1-23

12/07/2026

Onde há bondade, a Palavra de Deus floresce

Leia a frase: "Quero ser terra boa para a Palavra de Deus crescer no meu coração". Agora, faça um desenho que represente o que essa frase significa para você.

16º Domingo Comum

Mt 13,24-43

19/07/2026

Deus nos dá liberdade de escolha

Escreva em um caminho atitudes que representam o bem e, no outro, escreva atitudes que representam o mal. Em seguida, pinte o caminho que você seguirá.

Freepik.

17º Domingo Comum

Mt 13,44-52

26/07/2026

O maior tesouro é o Reino dos céus

Circule as ilustrações que Jesus usa para comparar com o Reino dos céus e que são mencionadas no Evangelho de hoje. Em seguida, responda:

Freepik.

★ O que é mais valioso para você hoje? Isso o aproxima de Deus?

____

____

____

Agosto, mês das vocações

Na próxima semana iniciaremos o mês de agosto, e a Igreja nos convida a refletir sobre o chamado de Deus em nossas vidas, seja ele para o sacerdócio, a vida religiosa, o matrimônio ou a vida como leigos atuantes a serviço da Igreja. Para isso, cada domingo é dedicado a uma vocação específica, com celebrações litúrgicas e momentos de oração dedicados àqueles que assumem a sua vocação.

AGOSTO

18º Domingo Comum

Mt 14,13-21

02/08/2026

Celebramos hoje a vocação dos ministérios ordenados: padres e diáconos

Onde há partilha, o Senhor age

O povo reuniu-se para ouvir Jesus. Em determinado momento, os discípulos pedem a Jesus para despedir as pessoas, pois já era tarde, o lugar era deserto e estavam famintas. Os discípulos estavam preocupados porque não havia recursos senão cinco pães e dois peixes, mas Jesus multiplica o que tinham em quantidade suficiente para partilhar e sanar a fome da multidão. Este é mais um milagre de Jesus!

A atitude de Jesus é uma importante lição para nós. Você sabe qual é essa lição?

Para descobrir, escolha as palavras e complete a frase.

Onde há ______________, sempre há o ______________ para __________ e até _________!
Ao partilhar o que temos, ___________ se faz mais presente em nossas ___________.

Hoje somos convidados a partilhar e confiar que Deus agirá em nossas vidas.

Mas o que podemos partilhar com os outros?

Descubra o que João, Bia, Malu e Clara irão partilhar selecionando as sílabas da mesma cor no caça-sílabas, organizando as palavras e escrevendo-as nos balões de fala.

FE	TO
LI	BRIN
A	PO
A	QUE
DO	MEN
TEM	TO

Momento em família

Deus pode multiplicar em nossas vidas o amor, o respeito e o cuidado para com as pessoas e a Criação. Converse com sua família sobre as diferentes formas de Deus agir em nossas vidas quando escolhemos partilhar: tempo, afeto, conhecimento ou bens com alguém.

17/05/2026
14/06/2026
Doação
12/07/2026
09/08/2026
06/09/2026
04/10/2026
01/11/2026
24/05/2026
21/06/2026
19/07/2026
16/08/2026
13/09/2026
11/10/2026
CONVITE
08/11/2026
31/05/2026
28/06/2026
26/07/2026
23/08/2026
20/09/2026
18/10/2026
15/11/2026
07/06/2026
05/07/2026
02/08/2026
30/08/2026
27/09/2026
O maior mandamento
é o amor.
25/10/2026
22/11/2026

21/12/2025

14/12/2025

07/12/2025

30/11/2025

11/01/2026

04/01/2026

01/01/2026

28/12/2025

08/02/2026

01/02/2026

25/01/2026

18/01/2026

08/03/2026

01/03/2026

22/02/2026

OS DEZ MANDAMENTOS
15/02/2026

02/04/2026

29/03/2026

22/03/2026

15/03/2026

12/04/2026

05/04/2026

04/04/2026

03/04/2026

10/05/2026

03/05/2026

26/04/2026

19/04/2026
Com Jesus, a esperança é flor que nasce onde nada cresce.

19º Domingo Comum

Mt 14,22-33

09/08/2026

Celebramos hoje a vocação matrimonial

Aprender a confiar em Jesus

Pedro acreditou que poderia ir ao encontro de Jesus andando sobre as águas, mas, quando sentiu o vento forte, teve medo e começou a afundar. Ao ajudá-lo, Jesus disse a Pedro: "Homem de pouca fé, por que duvidaste?" (Mt 14,31b).

Complete a frase seguindo as setas, começando com a palavra em destaque. Em seguida, leia para sua família.

Aprendemos neste Evangelho que ________________

Mas confiar em Jesus é semelhante a confiar em um amigo. É preciso conhecê-lo e conviver com Ele, para que saibamos reconhecer a sua importância em nossas vidas.

Escreva três atitudes que você pode ter para aprender a confiar mais em Jesus. Se possível, peça a ajuda de sua família.

Momento em família

Converse com sua família sobre este Evangelho e reflitam juntos sobre a pergunta: *Quais são as situações que, quando vivemos, nos levam a duvidar da ação de Jesus em nossas vidas?*

Assunção de Nossa Senhora

Lc 1,39-56

16/08/2026

Celebramos hoje a vocação à vida consagrada: religiosos e religiosas

Maria, a serva amada do Senhor

Maria estava grávida quando soube que sua prima, Isabel, também esperava o nascimento de um filho. Isabel era idosa e, por ação de Deus, tornou-se fecunda para gestar aquele que viria a ser o último dos profetas: João Batista.

Movida pelo Espírito Santo, sendo aquela que deu seu "sim" a Deus para servi-lo de todo o coração, Maria vai ao encontro de Isabel também para servi-la. Queria ajudar a prima idosa em seu delicado momento.

Criada com Inteligência artificial.

Maria nos ensina belas virtudes daqueles que escolhem seguir Jesus e servir aos irmãos. Você saberia identificar quais são?

Ajude as crianças a encontrar o caminho até Maria identificando e pintando as virtudes que ela nos ensina.

Estar disposto a servir, como Maria fez desde o princípio da sua missão, significa ajudar as pessoas sempre que possível, confiar no Senhor e comprometer-se com seu projeto, agindo como instrumento do amor de Deus na vida delas.

Momento em família

Apresente à sua família as virtudes de Maria e conversem sobre como podem desenvolvê-las também em suas vidas.

21º Domingo Comum

Mt 16,13-20

23/08/2026

Celebramos hoje a vocação dos leigos: cristãos que vivem sua fé no mundo

Uma comunidade unida na mesma fé

Quando Pedro professou a sua fé, Jesus lhe disse que sua resposta não tinha vindo apenas dele, mas se tratava de uma revelação de Deus. Com isso, podemos entender que a fé é um dom concedido por Deus. Assim, a resposta de Pedro representou também a todos nós que hoje temos fé e seguimos Jesus.

A pergunta de Jesus – "E vós, quem dizeis que eu sou?" – permanece atual, alcança os nossos corações e nos convida a ____________

____

____

Siga as setas e complete o texto acima. Depois, leia-o para a sua família.

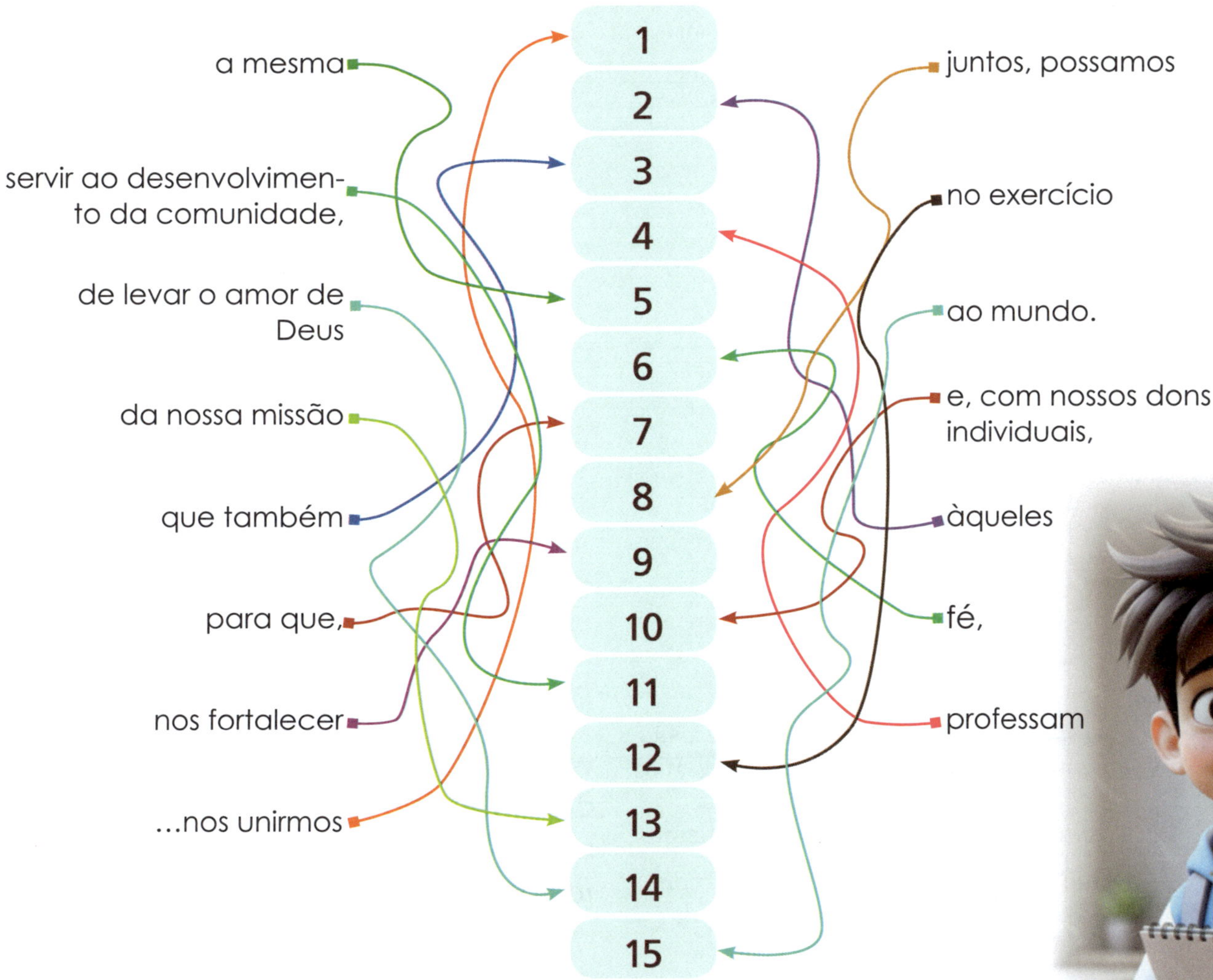

No Evangelho de hoje, Jesus instituiu uma comunidade que, unida na mesma fé, representa e busca agir conforme os seus ensinamentos.

Criada com Inteligência artificial.

Realize uma pesquisa sobre as ações pastorais realizadas em sua comunidade paroquial e complete a tabela. Em seguida, converse com a sua família sobre como podem participar de alguma delas.

Qual ação?	De qual pastoral?	Como podemos colaborar?

Freepik.

Uma forma de colaborar para que a sua comunidade possa continuar realizando ações de serviço aos irmãos é se comprometer a contribuir com o dízimo.

Que tal procurar mais informações com a Pastoral do Dízimo de sua paróquia?

Momento em família

Converse com sua família a respeito do Evangelho de hoje e reflitam juntos sobre a pergunta: *Como vocês têm colaborado com a sua comunidade de fé?*

22º Domingo Comum

Mt 16,21-27

Celebramos hoje a vocação ministerial do catequista

O bem de todos é a prioridade

30/08/2026

Jesus revela aos seus discípulos os sofrimentos pelos quais passará em sua missão. Pedro, que antes nos foi modelo de fé, agora reage como muitos o fazem diante do sofrimento e, chamando Jesus ao lado, diz: "Deus não permita, Senhor, que isso aconteça" (Mt 16,22b).

Diante disso, Jesus o repreende e nos lembra de algo muito importante. Você sabe o quê?

Para descobrir, siga as orientações:

a) Risque as palavras que iniciam com a letra "B".
b) Risque as palavras escritas com "RR".
c) Risque as palavras que iniciam com a letra "M".
d) Escreva nas linhas as palavras que sobraram.

QUEM	BANCO	MESMA	QUER	SEGUIR
JESUS	PRECISA	MAL	FAZÊ-LO	BRANCO
COM	ATITUDES	BOLA	IRRITAR	DE
CARRO	VERDADEIRA	MEDO	DOAÇÃO	MASSA
AOS	CORRIDA	BALÃO	MUNDO	IRMÃOS

____

____

O sofrimento pelo qual Jesus passou representa a sua total entrega pela humanidade. É nesta entrega que Deus age, trazendo a salvação ao mundo pela ressurreição.

Pare e pense:

Freepik.

Quantas vezes você escolheu deixar seus próprios interesses de lado para priorizar o que faria bem a mais pessoas?

Criada com Inteligência artificial.

Nós também somos convidados a entregar nossas vidas, colocando de lado nossos interesses para abraçar os interesses que se voltam ao bem de todos.

Que tal realizar uma atividade especial sobre este Evangelho? Acesse o QR Code!

Criada com Inteligência artificial.

Momento em família

Jesus nos pede renúncias para segui-lo. Isso significa colocar o bem comum acima do individualismo. Converse com sua família sobre o quanto vocês estão conseguindo, no dia a dia, fazer escolhas pelo bem de todos em seu lar.

Freepik.

Setembro é o Mês da Bíblia! É um tempo dedicado à Palavra de Deus. Reserve diariamente um momento para ler e meditar a Bíblia.

SETEMBRO

23º Domingo Comum

Mt 18,15-20

06/09/2026

Ajudar alguém a se reconciliar com o bem

Observe a ilustração.

Neste Evangelho, Jesus pede a seus seguidores que ajudem as pessoas a perceberem quando erram, de modo que possam corrigir suas atitudes que causaram algum dano ou sofrimento para se reconciliar com o bem, restaurando a harmonia.

Na ilustração, vemos Vitor empurrar o amigo Lucas de propósito durante uma partida de futebol. Para ajudar Vitor a corrigir o seu comportamento, siga o passo a passo, de acordo com o Evangelho, respondendo às questões.

a. Não corrigir uma pessoa na frente de todos. O que você falaria ao Vitor em particular?

______

______

b. Imagine que Vitor decidiu não lhe dar ouvidos, e agora você seguirá a próxima orientação de Jesus: reunir uma ou mais pessoas que também estejam dispostas a ajudar. Quem poderia chamar para falar com o Vitor junto com você?

______

______

c. A última orientação é levar a situação para a comunidade, caso a pessoa não mude seu comportamento. Neste caso, se Vitor continuar jogando agressivamente com os colegas, como você poderia envolver mais amigos ou algum adulto para ajudá-lo a corrigir o erro?

______

______

Neste Evangelho, aprendemos que corrigir uma pessoa pode ser um ato de amor, quando feito com respeito e real intenção de ajudar para que o erro não se repita nem piore.

Momento em família

Converse com sua família sobre o que Jesus disse a respeito de corrigir uma pessoa e reflitam juntos sobre a questão: *Se corrigir alguém com cuidado pode ser um ato de amor, por que receber correções às vezes é tão difícil? Ao corrigir alguém em nossa família, quais cuidados devemos ter?*

24º Domingo Comum

Mt 18,21-35

Perdoar é ver o outro com compaixão

Neste Evangelho, Jesus ensina a importância do perdão. Ele sabe que ____

____

____

Descubra a resposta seguindo a trilha e colorindo o caminho correto.

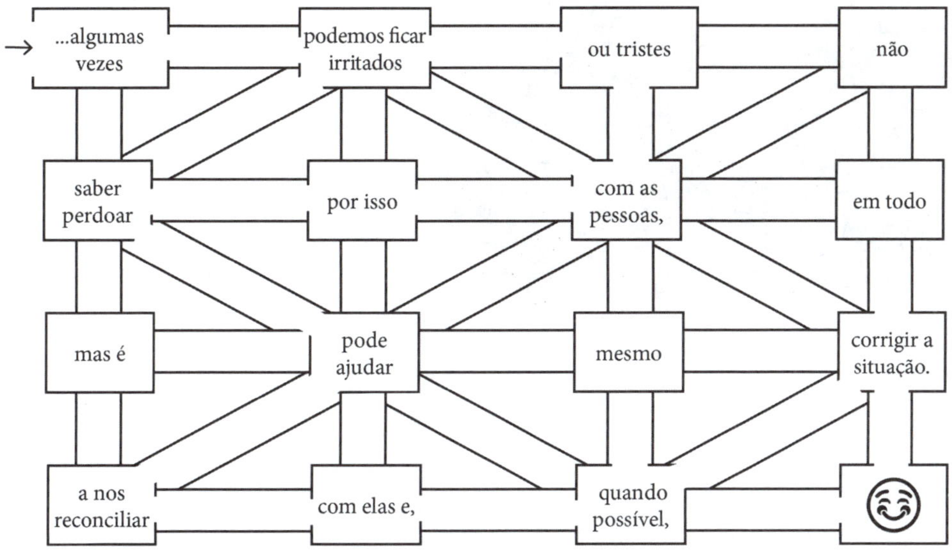

Freepik.

Pare e pense:

Como você age com alguém que o irritou ou decepcionou?

13/09/2026

Pinte a cena e escreva uma frase que a represente.

Criada com Inteligência artificial.

____

____

____

____

____

Aprendemos com Jesus que o verdadeiro perdão acontece quando vemos o outro com compaixão e decidimos escolher não mais sentir raiva pelo que ele nos fez ou disse, de modo que o erro dele não seja a única coisa com a qual nos importamos.

Momento em família

Ainda que Jesus oriente a perdoar, fazer isso pode ser muito difícil. Converse com sua família sobre as possíveis dificuldades que enfrentamos ao perdoar alguém.

Que tal realizar uma atividade especial sobre o perdão? Acesse o QR Code!

25° Domingo Comum

Mt 20,1-16a

20/09/2026

O amor de Deus é para todos

Neste Evangelho, Jesus compara o comportamento do patrão com a atitude de Deus. O que Ele nos ensina com este exemplo?

A justiça do Reino de Deus é aplicada ____________________
____
____
____
____
____
____
____

Descubra o que o patrão disse ordenando a frase de acordo com a ver que a sequência dos números está errada. Depois, escreva a resposta no balão de fala ao lado da imagem.

Para completar a frase, observe os números e escreva as letras correspondentes.

Jesus nos lembra neste Evangelho que

____ (14) ____________ (1+12+14+17) de ____________ (4+5+20+18) nos é dado

com ____________________ (7+17+1+19+20+9+4+1+4+5), por isso não há

____________________ (15+17+9+12+5+9+17+14+18) nem ____________________ (24+11+19+9+12+14+18)

em seu ____________________ (3+14+17+1+22+23+14).

Momento em família

Converse com sua família sobre como podem tratar as pessoas com mais igualdade, evitando julgá-las como mais ou menos merecedoras de bondade.

26º Domingo Comum

Mt 21,28-32

27/09/2026

Jesus pede coerência no falar e no agir

Aprendemos com Jesus que dizer palavras bonitas não é tão importante quanto praticar o que se diz.

Observe a ilustração.

Quando uma pessoa não cumpre o que diz, ela não está sendo coerente em seu falar e seu agir. Na ilustração, vimos que Carlos é tão agressivo com Henrique, que nem parece seu amigo.

Agora observe a ilustração a seguir. Nela, depois da partida de vôlei, Henrique conversa com Carlos e aponta a sua incoerência entre o seu falar e agir. Escreva no balão de fala qual poderia ser a resposta de Carlos, fazendo-o assumir seu erro e se comprometer a tratar o amigo com verdadeiro respeito.

Jesus ensina que é preciso haver coerência entre nosso falar e nosso agir, para que possamos testemunhar o amor de Deus.

Momento em família

Converse em família sobre os sentimentos que surgem quando alguém não cumpre o que diz. Depois, por meio de uma oração, procurem firmar um compromisso para que sejam mais coerentes entre o que dizem e fazem em família, como Jesus ensinou.

Outubro – Mês do Rosário

Estamos nos aproximando de outubro, o Mês do Rosário, período especial para a nossa fé. No dia 7, celebramos a festa de Nossa Senhora do Rosário. É um momento especial para rezar nos aproximando de Maria e contando com sua intercessão para levar a Jesus nossas orações. Você pode rezar sozinho ou convidar sua família, sua catequista e seus colegas da catequese para rezarem juntos o rosário.

OUTUBRO

27º Domingo Comum

Mt 21,33-43

O Senhor nos chama para um compromisso

04/10/2026

Jesus conta neste Evangelho uma parábola com vários elementos que podemos olhar com carinho.

Imagine Jesus sentando-se ao seu lado e explicando que:

- A vinha simboliza o povo de Deus.
- O proprietário da vinha representa Deus, que nos ofereceu a Terra para produzirmos os bons frutos do Reino: justiça, amor ao próximo, compaixão…
- Os lavradores são os líderes que deviam cuidar da vinha, do povo de Deus, mas escolheram descumprir seu compromisso com Ele.
- Os criados representam aqueles que Deus enviou, como os profetas que convidavam as pessoas a mudarem de vida.
- O filho do dono da vinha é Jesus, que mesmo sendo Filho de Deus foi maltratado e morto.
- A pedra angular é Jesus, que veio para ensinar e ajudar as pessoas a participarem do Reino de Deus.

Pare e pense:

Freepik.

- O que Jesus quer ensinar a você com este texto?
- Sendo parte do povo de Deus, quais são os frutos que você está produzindo com suas atitudes e palavras?
- O que este texto ensina sobre o amor de Deus?

Escolha uma atitude que represente o compromisso que deseja ter com Deus, para produzir os frutos do Reino e acolher Jesus em sua vida cada vez mais.

Reze um Pai-nosso, pedindo a Deus a graça da perseverança para cumprir fielmente o compromisso que você assumiu.

Criada com Inteligência artificial.

Momento em família

Que tal meditar neste Evangelho com sua família?

28° Domingo Comum

Mt 22,1-14

Jesus ensina a participar do Reino

Aprendemos neste Evangelho que todos são convidados por Jesus para participar do Reino de Deus, mas muitos recusam o convite ou o aceitam sem usar as "roupas adequadas". O que isso quer dizer?

O ____________ do Senhor é para ________, mas muitos não estão dispostos a ________________ ou a mudar suas ____________ para se comprometer de ____________ com o ________ de ______.

Para descobrir a resposta, escreva os nomes de alguns elementos que encontramos dentro da Igreja. Em seguida, complete a frase escrevendo as palavras de acordo com as cores das letras que você escreveu.

1.  _ _ _ _ _
2.  _ _ _ _ _ _
3.  _ _ _ _ _ _ _ _ _
4.  _ _ _ _
5.  _ _ _ _ _ _
6.  _ _ _ _ _ _ _ _ _
7.  _ _ _ _ _
8.  _ _ _ _ _ _
9.  _ _ _ _ _ _ _

11/10/2026

Usar as "roupas adequadas" para participar do Reino de Deus significa se "revestir das atitudes" que Jesus ensina, praticando o bem e a justiça. Você saberia identificar quais são essas atitudes? Escreva.

____

____

____

Hoje lembramos que para participar do Reino de Deus precisamos nos comprometer com as atitudes que Jesus ensina.

Momento em família

Converse com sua família sobre as atitudes que você escreveu. Reflitam juntos se são atitudes que vocês estão praticando em casa. Depois, conversem sobre quais seriam as "vestes inadequadas", ou seja, quais atitudes desagradam ao Senhor e nos impedem de participar do seu Reino.

Dia de Nossa Senhora Aparecida (Jo 2,1-11)

Neste dia 12 de outubro, celebramos a solenidade de Nossa Senhora da Conceição Aparecida.

Que tal realizar uma atividade especial para este dia de Nossa Senhora Aparecida? Acesse o QR Code!

29º Domingo Comum

Mt 22,15-21

18/10/2026

O cristão é um bom cidadão

As pessoas que questionaram Jesus neste Evangelho tinham a intenção de fazê-lo dizer algo contra César, o imperador romano que na época governava Israel. Com sabedoria, evitando conflitos, Jesus respondeu: "Dai a César o que é de César, e a Deus o que é de Deus". Com isso, Ele ensina que seus seguidores devem cumprir também os deveres esperados de um bom cidadão. Você sabe quais são?

Pinte as frases que correspondem a atitudes de um bom cristão e bom cidadão.

- JOGAR LIXO NA RUA
- DEVOLVER O QUE NÃO NOS PERTENCE, SENDO HONESTOS NA SOCIEDADE
- DESCUIDAR DA NATUREZA E MALTRATAR OS ANIMAIS
- DESRESPEITAR OS PROFESSORES E OS MAIS VELHOS
- PRATICAR A JUSTIÇA
- CULTIVAR PALAVRAS E ATITUDES DE AMOR AO PRÓXIMO
- PAGAR OS IMPOSTOS
- EVITAR COMPRAR OBJETOS FALSIFICADOS
- FALTAR AOS ENCONTROS DE CATEQUESE POR PREGUIÇA

Aprendemos que os seguidores de Jesus precisam cumprir com as suas obrigações tanto como cidadãos quanto como cristãos, dando a Deus o que é de Deus. Isso significa reconhecer Deus como nosso Senhor e, ao mesmo tempo, lutar para que todos tenham uma vida digna.

Criada com Inteligência artificial.

Freepik.

Pare e pense:

Você está sendo um cidadão responsável, mantendo os lugares públicos limpos e colaborando para torná-los bons para todos? De que maneira você reconhece Deus como o Senhor da sua vida?

Momento em família

Apresente este Evangelho à sua família e conversem sobre quais são as atitudes que, como cidadãos, revelam também o seu compromisso cristão com o bem.

30° Domingo Comum

Mt 22,34-40

O maior mandamento é o amor

Jesus apresentou neste Evangelho o maior mandamento ao qual devemos seguir, e o complementou com um segundo mandamento que explicou ser semelhante. Hoje chamamos esse conjunto de Mandamento do Amor: **amar a Deus acima de todas as coisas, e ao próximo como a si mesmo**.

Jesus sabe que não é possível amar a Deus sem estender esse amor ao próximo. Deus é a grande referência de amor para a humanidade, por isso amá-lo envolve também ser capaz de amar toda a sua Criação.

Observe a ilustração.

Criada com Inteligência artificial.

Sempre que dedicamos atenção, cuidado e ajuda a nós mesmos, a alguém ou a algum outro ser vivo, estamos expressando o amor de Deus.

25/10/2026

Escreva uma lista de ações que, quando as realizamos, cumprem o Mandamento do Amor que Jesus ensinou. Depois, ilustre uma dessas ações.

Hoje aprendemos que amar a Deus significa não apenas rezar e participar da missa, mas também ter atitudes que expressam nosso respeito e cuidado com a vida do próximo.

Freepik.

A Pastoral da Criança, fundada em 1983 pela Dra. Zilda Arns, é uma ação social da Igreja Católica que promove a saúde e o desenvolvimento de crianças. Presente em vários países, oferece treinamentos a líderes comunitários para acompanharem gestantes e crianças de 0 a 6 anos. Assim, a Igreja ensina pessoas a cuidarem de pessoas. Procure saber mais sobre essa Pastoral em sua paróquia.

Momento em família

Converse com sua família sobre este Evangelho e apresente a sua lista de ações. Combinem de praticar uma dessas ações juntos.

Todos os Santos

Mt 5,1-12a

01/11/2026

A verdadeira felicidade

Observe a ilustração.

Criada com Inteligência artificial.

Muitas vezes somos como Rodrigo: acreditamos que precisamos sempre de mais um brinquedo, mais uma roupa, mais um calçado ou qualquer outro objeto que nos faça sentir mais felizes. Mas será que a felicidade realmente depende do que temos?

Neste Evangelho, Jesus nos ensina que a verdadeira felicidade é fazer escolhas que nos levem a praticar o bem, a justiça e a paz, mesmo em situações nas quais essas escolhas são difíceis.

Leia com atenção as três situações abaixo e escolha qual caminho quer seguir.

1. Você vê um colega sendo ridicularizado por outros.
   - ◯ Você pode rir junto para não ficar de fora.
   - ◯ Pode defendê-lo e chamar um adulto para ajudar a resolver a situação.
2. Você encontra uma carteira com dinheiro no pátio da escola.
   - ◯ Esconde para ficar com o dinheiro.
   - ◯ Entrega para a professora encontrar o dono da carteira.
3. Você discutiu com um amigo e ele magoou você.
   - ◯ Continua zangado e ignora o amigo.
   - ◯ Conversa com o amigo e o perdoa.

Para Jesus, bem-aventuradas são as pessoas que se comprometem não apenas com seu próprio bem-estar, mas com o bem comum; que buscam compreender a dor do próximo e se colocar a serviço para ajudá-lo.

Momento em família

Converse com sua família sobre a frase "Fazer o bem faz bem" e sua relação com a felicidade que Jesus apresentou neste Evangelho. Depois, juntos, pesquisem os benefícios que fazer o bem traz para quem o faz.

Você sabia?

Freepik.

No dia 1º de novembro, celebramos o Dia de Todos os Santos. É uma festa muito especial em que lembramos todos aqueles que viveram com amor, fé e bondade, seguindo os ensinamentos de Jesus. Esse dia nos lembra que todos nós somos chamados à santidade, vivendo com amor a Deus e ao próximo todos os dias.

32º Domingo Comum

Mt 25,1-13

Mantenha sua fé acesa

Neste Evangelho, Jesus orienta que nós, seus seguidores, fiquemos atentos enquanto aguardamos o seu retorno. Não sabemos quando Ele voltará, por isso é preciso perseverar na fé todos os dias.

A parábola das mulheres que aguardam o noivo é uma forma de Jesus nos dizer que na nossa comunidade, enquanto aguardamos a sua vinda, há pessoas que ______________________ seus ______________________ nem ______________________, por isso a fé delas ______________________. Por outro lado, em nossa comunidade de ______________________, também há pessoas que são ______________________ em manter viva ______________________.

Complete a frase identificando qual sombra corresponde aos espaços vazios.

Criada com Inteligência artificial.

Freepik.

Pare e pense:

O que você tem feito todos os dias para manter acesa a sua fé?

08/11/2026

Momento em família

Leiam o Evangelho deste domingo e realizem juntos a oração:

Querido Jesus, queremos manter viva a nossa fé! Pedimos, Senhor, que em nosso lar saibamos reconhecer sua presença em nossas vidas, que possamos nos manter perseverantes na oração, na leitura da Palavra e no compromisso com os seus ensinamentos. Que assim a nossa fé se mantenha viva e forte até a sua chegada. Amém.

33º Domingo Comum

Mt 25,14-30

15/11/2026

Nossos dons a serviço do Reino

Todos recebemos de Deus dons que nos tornam únicos. Jesus nos ensina que os dons devem servir para colaborarmos com a construção do Reino de Deus, e não para serem enterrados ou ignorados.

Início → preciso céu fazer a nossa caminho parte, silêncio oferecendo comunicado nossos conhecimentos nossa e capacidades sereno para promover mesmo o bem levando às pessoas e a toda a criação voz de Deus.

Isso significa que é ______________________________

____

____

____

____

____

Complete a frase escrevendo nas linhas apenas as palavras de cor azul.

Quando revelamos nossos dons e os colocamos a serviço do próximo, experimentamos a alegria de podermos oferecer algo de valor no mundo.

Criada com Inteligência artificial.

Criada com Inteligência artificial.

E você, como pretende colocar seus dons a serviço do próximo? Responda desenhando.

Para completar as frases, procure no caça-palavras alguns dons que você observa que as pessoas têm e colocam a serviço de sua comunidade.

- A pessoa que tem o dom de _______________ pode contribuir na Pastoral da Acolhida.
- Quem tem o dom da _______________ pode servir coordenando alguma pastoral.
- Para ser catequista e formador, é necessário ter o dom de _________ _____________________ para transmitir a fé.
- A Pastoral da Liturgia e a Pastoral da Comunicação necessitam de pessoas com o dom de se _____________________.

V I I
A S F H J L K
M J K I T E W Q Ç
G H N C B V K Y K L Ç
I W R T E M V S A L R G I
K Q E X M F T N C I X T K
M T N Q P B H Z O D J B J
N Y S Y A Y X C L E B T H
B X I V T T J H H R Y H F
G T N J I Y T J E A Q F S
U B A X A Q H F R N H X M
C R C A N T A R Ç Ã P
B C O M U N I C A R Q
I K L Ç M U R Y Q
B V D C B

- Quem tem o dom de _________________________ pode atuar na Pastoral da Música.
- Na Pastoral Social é fundamental ter o dom da _______________________.

Lembre-se

Freepik.

Os dons não precisam ser fontes de lucro pessoal ou material. A maior riqueza que podemos produzir com nossos dons é fazer o bem.

Quando colocados a serviço do próximo e de Deus, os dons tornam-se instrumentos valiosos na vida cristã e na missão da Igreja.

Momento em família

Converse com sua família sobre este Evangelho e compartilhem quais dons percebem uns nos outros. Talvez um de vocês seja o que mais expressa bom humor para a família ou o que mais consegue pensar em soluções para os problemas... Reconheçam seus dons e agradeçam por poderem utilizá-los no lar de vocês.

Que tal realizar uma atividade especial sobre seus dons e a mensagem deste Evangelho? Acesse o QR Code!

Cristo Rei

Mt 25,31-46

Ser sensível às necessidades do próximo

22/11/2026

Jesus é o Rei que serviu ao mundo e deixou-nos como exemplo o seu modelo de amor. Neste Evangelho, Jesus nos diz que cada gesto de bondade praticado a alguém, ou a alguma de suas criaturas, é também praticado a Ele.

Observe a ilustração. Em seguida, desenhe uma sequência de imagens que mostre o filho percebendo que a mãe está sobrecarregada com as tarefas domésticas e decidindo ajudá-la.

Criada com Inteligência artificial.

Para praticar o bem ao próximo, é preciso estar sensível às necessidades dele. Quanto mais nos isolamos do mundo, focando a atenção no celular ou no que ouvimos em fones de ouvido, menos sensíveis estaremos para perceber o próximo, e como podemos ajudá-lo. Ao servirmos o próximo, também servimos a Jesus, nosso amigo e Rei. Esta é a vontade de Deus.

Criada com Inteligência artificial.

Momento em família

Converse com sua família sobre como está a sensibilidade de vocês para perceberem as necessidades uns dos outros.

Chegamos ao final do Ano Litúrgico A, e a partir desta semana iniciaremos o Ano B! Continue participando das celebrações em sua comunidade e conversando com sua família sobre os Evangelhos de cada domingo.
Um feliz Ano B para você!

Freepik.